ÉLOGE FUNÈBRE

DE

MONSIEUR

L'ABBÉ CHARLES DE LAVIGNE

CHANOINE HONORAIRE DE LA MÉTROPOLE
CURÉ-DOYEN DE GIMONT

PAR

M. L'ABBÉ CAMPISTRON

CHANOINE HONORAIRE, SUPÉRIEUR DU COLLÈGE

AUCH
IMPRIMERIE AUSCITAINE, A. THIBAULT

—

1891

ÉLOGE FUNÈBRE

DE

MONSIEUR

L'ABBÉ CHARLES DE LAVIGNE

CHANOINE HONORAIRE DE LA MÉTROPOLE
CURÉ-DOYEN DE GIMONT

PAR

M. L'ABBÉ CAMPISTRON

CHANOINE HONORAIRE, SUPÉRIEUR DU COLLÉGE

AUCH
IMPRIMERIE AUSCITAINE, A. THIBAULT
—
1891

ÉLOGE FUNÈBRE

DE

MONSIEUR L'ABBÉ CHARLES DE LAVIGNE

—➵○✦○➴—

> *Qui bene præsunt presbyteri, duplici honore digni habeantur.*
>
> Les prêtres qui gouvernent sagement doivent être tenus dignes d'un double honneur.
>
> (I Tim., v. 7.)

Mes frères,

Le prêtre distingué qui, au nom et à la place de Mgr l'Archevêque, a présidé aux funérailles de votre regretté pasteur, vous a fait connaître le vœu exprimé, avec une touchante simplicité, dans son testament spirituel. Il le supplie de ne point prononcer son éloge. Ne faisons-nous pas violence aux dernières volontés toujours sacrées et à l'humilité profonde d'un père arrivé au terme suprême de sa vie mortelle ? C'est la question que nous devions nous poser en montant dans cette chaire, pour célébrer cette mémoire tendrement vénérée. Mais, mes frères, après mûre réflexion, nous avons écarté les scrupules qui d'abord assiégeaient notre âme. Ne s'agit-il pas, en effet, de donner satisfaction aux plus légitimes désirs en vous présentant le tableau d'une vie qui s'est écoulée tout entière au milieu de vous et pour vous, en essayant de ranimer les traits d'un père aimé, en rappelant l'esprit dont ses actions étaient pénétrées, en cherchant enfin dans l'intimité de sa vie la source secrète des vertus dont il vous a laissé un impérissable souvenir ? D'un autre côté, saint Paul ne nous recommande-t-il pas d'honorer les prêtres qui ont sagement gouverné leur paroisse ? Ne nous ordonne-t-il pas de leur rendre même un double honneur ? Celui dont nous portons le deuil a déjà reçu au Ciel la récompense promise par le Seigneur à ses bons et fidèles serviteurs ; mais il nous reste encore, selon la parole de l'Apôtre, à lui accorder sur la terre le tribut de notre reconnaissance et de notre admiration. *Qui bene præsunt presbyteri, duplici honore digni habeantur*. Nous remplirons donc ce devoir cher à nos âmes, et nous rendrons un suprême et solennel hommage à la mémoire de M. l'abbé CHARLES DE LAVIGNE, *chanoine honoraire de la Métropole, curé-doyen de Gimont*.

I

Charles de Lavigne naquit à Gimont le 20 septembre 1820, d'une famille noble, issue elle-même d'une forte et vaillante race tout imprégnée des vertus du terroir. Les uns y ont eu en partage le courage civique et ont rempli leur carrière dans les professions libérales ; les autres, héritant de la valeur militaire, ont conquis de hauts grades dans l'armée, et, aujourd'hui encore, l'un de ses membres les plus distingués, vous le savez, est parvenu au grade de général.

A cette époque lointaine, le Collége de Gimont, à peine restauré, se trouvait entre les mains de l'Université, sous la direction de M. Bataillé. C'est là que le jeune Charles de Lavigne fit ses études élémentaires et ses classes jusqu'en quatrième. Il fit les classes suivantes, jusqu'à la philosophie inclusivement, sous M. l'abbé Bise, qui, à la tête de quelques prêtres d'un rare mérite, avait pris pour son compte la succession assez embarrassée du dernier Principal de l'Etablissement.

Notre collégien était, au rapport de ses camarades, ce qu'il fut plus tard sur un plus grand théâtre, c'est-à-dire bon, aimable, complaisant pour ses égaux, obéissant et respectueux à l'égard de ses maîtres. Qu'il ait tenu le premier rang dans le cours de ses études, qu'il fût classé parmi les plus brillants élèves, nous n'avons pas même pris la peine de le rechercher. Mais ce qui le distinguait certainement de tous ceux de son âge, c'était la piété, le bon sens, la sûreté du jugement, la rectitude de la volonté. Il était si prudent et si réservé dans ses paroles que, même dans les années ordinairement troublées de l'adolescence, jamais un mot inconvenant n'est sorti de ses lèvres. C'est son ami d'enfance, M. l'abbé de Cortade, qui lui rend ce précieux témoignage.

Charles de Lavigne avait fait d'excellentes études, et il pouvait aspirer à une situation sortable dans le monde ; sa famille, d'ailleurs, le poussait à entrer dans une des administrations où il aurait pu légitimement prétendre à un bel avenir. Il se garda bien de résister d'abord à ce vœu formellement exprimé par son père ; mais il demanda du temps, et il passa un an au Collége comme professeur pour y étudier sa vocation. Or, après avoir prié, consulté, réfléchi, il comprit décidément qu'il n'était point fait pour la vie du siècle, et, prenant congé de sa famille, il quitta sa modeste chaire du Collége et il entra, en compagnie de M. de Cortade, au Grand-Séminaire de Toulouse.

C'est là, sous la direction des Sulpiciens, ces maîtres incomparables pour la formation sacerdotale, qu'il fit ses études de théologie. Rien n'égalait alors son ardeur au travail, sa piété tendre et raisonnée, la régularité de sa conduite, en un mot, cette parfaite correction qui faisait de M. de Lavigne le modèle des séminaristes. Avec cela, il était plein d'un aimable entrain, d'une franche et cordiale gaieté, qui devenait facilement communicative et lui avait conquis en peu de temps l'affection de ses condisciples et l'estime de ses directeurs.

A peine eut-il reçu les ordres mineurs que Mgr de La Croix d'Azolette, qui venait de monter sur le siége archiépiscopal d'Auch, le rappela dans son diocèse, et, jugeant que ses études théologiques étaient suffisantes, il l'attacha au Collége de Gimont, abandonné depuis peu de temps par M. l'abbé Bise, et placé par l'autorité diocésaine sous la direction de M. l'abbé Pandellé. Ne semble-t-il pas que M. de Lavigne est désormais établi sur le terrain même où doit s'exercer son apostolat? Et la Providence, en le ramenant à Gimont, ne paraît-elle pas lui avoir ménagé l'occasion de se préparer de loin aux fonctions du ministère sacré? L'abbé de Lavigne avait à peine vingt ans lorsqu'il prit possession de la chaire de cinquième ; il y enseigna les rudiments du latin et du grec avant de passer en quatrième. Dans ses moments de loisir, hélas! trop rares, comme il le disait plus tard, il compléta son cours de théologie brusquement interrompu et se disposa à recevoir les ordres majeurs. C'est à Auch qu'il fut ordonné prêtre en 1844.

Il vivait heureux au Collége, au milieu de ses confrères et des élèves qui, attirés par des maîtres habiles, revenaient empressés autour des classes et remplissant les cours des joyeux échos de leurs voix, comme des essaims bourdonnant autour de leurs ruches. C'était le bon temps! disait souvent votre excellent pasteur. Oui, c'était le bon temps de la jeunesse, des projets d'avenir, des généreuses illusions trop tôt dissipées! C'était le temps de la retraite et de l'étude, en attendant le moment de l'action dans le ministère paroissial. Le jeune professeur avait compris tout ce que peut offrir d'avantages l'enseignement des lettres à un prêtre destiné à travailler plus tard dans le champ du père de famille. Car, comme on l'a dit, le meilleur moyen d'acquérir la science, c'est de l'enseigner, et le meilleur moyen d'apprendre à diriger les autres, c'est de bien se diriger soi-même. Or, ne voit-on pas qu'un jeune maître trouve mille fois par jour l'occasion de mettre sa patience et sa longanimité aux plus redoutables épreuves? Si donc, dans ses luttes quotidiennes avec la mobilité et la turbulence des enfants, il a su modérer un caractère irascible, contenir les mouvements tumultueux d'une colère sans cesse excitée, garder enfin une parfaite tranquillité d'âme, il peut se flatter de s'être éprouvé suffisamment, et il peut prendre avec confiance le gouvernement des âmes, qu'à juste titre on a appelé l'art des arts.

Après huit ans de professorat, M. l'abbé de Lavigne était mûr pour le ministère. Aussi, l'autorité diocésaine lui donna-t-elle en 1848 le titre de vicaire de Gimont. Nous le voyons enfin sur son véritable terrain, dans le milieu favorable où s'épanouiront les belles facultés de son esprit et de son cœur, au poste qu'il ne quittera plus et où la Providence l'a conduit pas à pas et comme par la main.

Sous la sage et paternelle direction de M. l'abbé Dousset, qui a laissé dans Gimont d'éclatants témoignages de sa générosité et une mémoire à jamais vénérée, il s'initia par degrés aux délicates fonctions du ministère paroissial. D'ailleurs, le nouveau vicaire, à un âge où l'on dépasse facilement les bornes par excès de zèle, sut si bien concilier l'ardeur qui le dévorait avec les égards qu'il devait à son vieux curé que M. Dousset, gagné par ses prévenances, songea à demander son vicaire comme pro-curé avec future succession. Mais, ce vœu n'ayant point été agréé, il se proposa de se démettre de sa charge. C'est alors que l'autorité diocésaine résolut de donner un autre poste au jeune vicaire, non point pour l'y fixer définitivement, mais pour obéir à un décret du récent synode qui défendait de nommer un vicaire à la cure sans interruption du vicariat. Or, pouvait-on l'éloigner de Gimont ? N'avait-il pas poussé dans le sol des racines qu'on ne pouvait plus arracher ? On le comprit bien et on le mit provisoirement au nombre des missionnaires de Cahuzac.

Il devint alors facile de constater la sympathie qui s'était attachée à M. l'abbé de Lavigne. La paroisse de Gimont n'était plus en Gimont ; elle se portait en foule à Cahuzac, et l'on assure que jamais l'antique chapelle n'avait vu des réunions plus nombreuses et des fêtes plus brillantes. Cet état de choses ne pouvant durer, M. l'abbé Dousset résigna ses fonctions de curé en 1859, et M. de Lavigne fut appelé à le remplacer. Nommé curé, il remonta dans Gimont, et avec lui toute la paroisse, qu'il devait administrer pendant plus de trente ans avec tant de zèle et de distinction !

II

Quiconque a bien réfléchi sur la mission d'un curé et sur les devoirs qui en résultent doit avoir l'idée de ce qui se passa alors dans l'âme de M. l'abbé de Lavigne et des résolutions qu'il prit en entrant en fonctions. Il connaissait l'état de pauvreté et de délabrement où se trouvait l'église ; ses vues se portèrent d'abord sur ce point, et il voulut que la maison du Seigneur fût moins indigne de la piété des fidèles et surtout de l'hôte auguste qui y réside. Plusieurs d'entre vous, mes frères, se rappellent le triste aspect que présentait cette église : les chapelles qui entourent le chœur étaient fermées par d'immenses cloisons de planches, et les vitraux, ternis par la vétusté, offraient çà et là des vides qui en rendaient les sujets méconnaissables. Dès les premières années, on se met à l'œuvre ; les vieilles cloisons tombent et laissent voir ces arcades gothiques aux lignes d'une irréprochable pureté ; les vitraux sont renouvelés ou rajeunis ; les murs et les voûtes, d'une architecture si riche, se décorent de peintures discrètes et du meilleur goût ; et, plus tard, le sanctuaire lui-même est doté de la grille magnifique et du superbe dallage qui rehaussent la beauté du maître-autel. Pour exécuter tous ces travaux, M. le Curé n'hésitait pas à engager ses propres ressources, comptant sur la Providence et aussi, il faut bien le dire, sur la générosité des fidèles, qui ne lui fit jamais défaut.

Ce qui fait la vie et l'unité d'une paroisse, mes frères, c'est l'action qui part du centre et se communique, en rayonnant, à tous les membres. Or, cette action ne peut se faire sentir que, par le moyen de certains organes qui reçoivent l'impulsion et la transmettent au corps tout entier. M. le Curé en eut tout d'abord une intuition fort nette, et il s'appliqua de toutes ses forces à maintenir et à développer les institutions paroissiales déjà existantes. Quels n'ont point été ses efforts, en effet, pour assurer aux enfants une éducation chrétienne, en même temps qu'une solide instruction ! Avec quel souci d'assurer l'avenir n'a-t-il pas profité des ressources laissées par son généreux prédécesseur ! Certes, il n'a pas tenu à lui que l'établissement fondé avec le concours de la municipalité ne fût d'une perpétuelle durée. Mais rien ici-bas n'est éternel. Un simple changement survenu dans la législation scolaire a suffi pour déranger les plans les mieux concertés. Dire que M. le Curé n'en a point été péniblement affecté, ce ne serait pas exact ; mais on peut croire qu'en travaillant à sauver son œuvre il n'a cessé de compter sur l'aide de Dieu, sur le concours des pères de famille et sur la loyauté des représentants de la cité.

Il s'intéressait encore vivement aux écoles des filles et surtout à l'ouvroir, où les jeunes personnes s'habituent au travail et trouvent un asile assuré contre les séductions de leur âge. Mais son attention et ses soins délicats se portaient principalement sur la Congrégation de la Sainte-Vierge, sous la bannière de laquelle il avait enrôlé à peu près toutes les jeunes filles de la paroisse. Les règlements en étaient sévères, mais il les maintenait dans toute leur rigueur, persuadé que la fermeté était le seul moyen d'obtenir de cette œuvre tout le bien qu'il avait le droit d'en attendre. Fréquentes étaient les réunions ; assidues, les congréganistes qui, au nombre de plus de cent cinquante, remplissaient leur vaste salle d'exercices. Tout ce que peuvent suggérer la piété la plus tendre et le plus sincère dévouement était employé pour conserver, parmi elles, le bon esprit, la dévotion à la Sainte-Vierge, la persévérance dans le bien. Instructions, conseils, réprimandes ou récompenses : rien n'était négligé pour atteindre ce but. Que de tristes chutes n'a-t-il pas ainsi prévenues ! Aussi, notre excellent curé a-t-il consigné dans ses dernières notes qu'il avait trouvé là les meilleures consolations de son ministère.

La Congrégation des Mères de famille ne lui était pas moins chère. Dans les réunions mensuelles, il manquait rarement de leur donner des avis pratiques, où il passait familièrement en revue les devoirs de leur état. Il les prévenait contre le découragement et les exhortait, au nom de la dévotion bien entendue, à s'attacher avant tout à l'accomplissement de leurs devoirs, à aimer leurs maris et à surveiller la conduite de leurs enfants.

Autour du pasteur gravitaient encore deux Sociétés destinées à soulager les malades et à secourir les pauvres de la paroisse : vous avez nommé la Conférence de Saint-Vincent-de-Paul, qui a toujours tenu ses séances hebdomadaires dans un des salons du presbytère, et la Société des Dames de charité, qui, à certains jours déterminés, se réunissaient dans l'un des locaux dépendant de l'église. — Vous le voyez, mes frères, rien dans la paroisse n'échappait à l'action vigilante du bon curé, groupant autour de lui toutes les bonnes volontés, encourageant le dévouement sous toutes ses formes et animant de la sorte tout le corps paroissial de l'esprit de Dieu.

Il est à remarquer ici, mes frères, que M. l'abbé de Lavigne, jaloux de conserver les antiques usages, se mettait en garde contre toutes les nouveautés. Il y avait dans la paroisse des congrégations, des associations et des confréries pour répondre à tous les besoins spirituels et pour satisfaire tous les goûts et toutes les dévotions. Cependant M. le Curé avait senti depuis longtemps qu'il y avait place encore pour une autre institution et une nouvelle confrérie. Dans un temps où la foi s'éteint, où l'ardeur religieuse se refroidit, ne devenait-il pas nécessaire de réchauffer les âmes au contact de l'amour divin par un culte spécial rendu à la sainte Eucharistie? Il établit d'abord l'Adoration nocturne, et vous savez avec quel entrain les hommes, de toute condition et de tout âge, ont répondu à son appel, la veille de l'Adoration perpétuelle. Il fit mieux encore : il convoqua l'élite des fidèles pour en former une Confrérie du Saint-Sacrement et les établir comme une garde d'honneur autour du sanctuaire. La Confrérie existe avec ses statuts, et nombre de confrères se sont enrôlés sous leur splendide bannière, don généreux dont le pieux auteur ne veut être connu que de Dieu.

Cette institution peut être considérée comme le testament spirituel de votre pasteur, et elle restera parmi vous comme un suprême témoignage de la tendresse de son amour pour Celui qui habite réellement nos tabernacles !

III

Voulez-vous savoir, mes frères, en quoi consistait cette action surnaturelle dont les effets s'étendaient à tous les fidèles ? Nous n'avons qu'à l'examiner dans son foyer, en étudiant en M. de Lavigne l'homme ou simplement le prêtre. Car, chez lui, l'homme et le prêtre, se confondant en une harmonieuse unité, sont inséparables l'un de l'autre et nous montrent, dans un beau modèle, une heureuse alliance de la nature et de la grâce, où l'on ne sait ce qu'il faut le plus admirer de cette correspondance si complète aux influences surnaturelles ou de cette action divine toujours suivie et toujours triomphante.

Les témoins de son ministère pastoral, ses vicaires, nous ont donné sur sa vie intime des détails pleins d'édification. Tous les jours, au témoignage de l'un d'eux qui l'a vu à l'œuvre pendant les années les plus fécondes de son ministère, il se levait à quatre heures et demie, afin de donner, par la prière et la méditation, de longues heures à la préparation de la sainte messe. Avant sa grande maladie, il la célébrait régulièrement à six heures, pour se mettre ensuite à la disposition de ses pénitents et de ceux qui avaient besoin de ses conseils. Du 1er janvier au dimanche de la Passion, il faisait lui-même le catéchisme aux enfants désignés pour la première communion, tant il avait à cœur de leur inculquer la gravité et la grandeur de cet acte souvent décisif dans la vie ! Hors de ce temps, il venait, en passant, assister aux catéchismes faits par ses vicaires, soit pour se rendre compte de leur manière d'expliquer la doctrine, soit pour leur montrer, par des questions adressées à propos, la méthode la plus profitable, soit pour les seconder dans les observations ou corrections parfois nécessaires, soit enfin pour encourager les enfants les plus méritants par des éloges flatteurs ou de bonnes récompenses.

Il aimait ses vicaires comme d'autres *lui-même*. Aussi passait-il avec eux presque toutes ses récréations de l'après-midi et du soir, essayant de former leur âme à l'image de la sienne par des entretiens et des lectures. C'est ainsi qu'en leur faisant part de sa manière de voir, de penser, de juger, il achevait en eux la formation sacerdotale et corrigeait, souvent à leur insu, ce qu'il pouvait y avoir de répréhensible ou de défectueux. Combien de fois, dans des cas difficiles et délicats, n'avait-il pas l'air de leur demander leur avis pour leur soumettre le sien et le leur faire accepter de plein gré, n'hésitant pas toutefois à suivre leurs vues quand elles lui paraissaient plus justes, préférables et meilleures ! — Dans les relations quotidiennes, il les traitait avec une grande douceur. Si parfois, dans un moment de vivacité, il leur adressait des paroles, plus blessantes dans le ton que dans l'expression, il n'attendait jamais au lendemain pour fermer la blessure qu'il avait involontairement ouverte. Il faisait volontiers les premières démarches ; il s'empressait d'aller les trouver, leur tendait la main en souriant, les embrassait et finalement leur demandait pardon. Comment s'étonner, après cela, que ses vicaires lui aient voué une affection vraiment filiale ?

Tout le temps de la journée qu'il ne consacrait pas aux enfants, à ses vicaires, à la direction des âmes et notamment des Religieuses, il le donnait à la récitation de l'office divin et à l'adoration du Très-Saint-Sacrement, car il savait que le prêtre est constitué, selon la doctrine de l'Apôtre, pour servir de médiateur entre Dieu et les hommes. M. le Curé aimait spécialement les cérémonies du culte : il voulait qu'elles fussent exécutées avec décence et gravité ; et la ponctualité avec laquelle il commençait les exercices religieux indique bien en quelle haute estime il tenait tout ce qui a rapport au service de Dieu. Avec cela, nul plus que lui n'a eu le souci d'instruire le peuple chrétien. Sa parole, toujours nourrie, toujours claire et méthodique, grâce à une sérieuse préparation, allait droit au cœur et ne manquait jamais son effet. Même dans ces derniers temps, il ne s'épargnait pas, et lorsqu'il sentait ses forces le trahir, il appelait des Religieux de renom et des prédicateurs goûtés de la paroisse. A l'occasion, il avait recours aux Missionnaires de Cahuzac, « avec lesquels, selon ses propres paroles, il avait toujours vécu en parfaite harmonie ». Il venait encore volontiers frapper à la porte du Collége, dont il n'avait certes pas oublié le chemin, « n'ayant jamais eu, dit-il dans ses derniers écrits, qu'à se louer de la bonté des divers supérieurs de cette Maison et des prêtres qui la dirigent ».

Mais il faudrait s'étendre au-delà de toute mesure, si l'on voulait mettre en relief toutes les vertus qui font la gloire du prêtre et que M. le Curé possédait à un degré éminent. Mortifié au point de mépriser les conseils de la prudence, il s'infligeait de rudes pénitences, et, à l'exemple des saints, il porta plus d'une fois le cilice. Mais telle était son humilité que jamais on n'aurait soupçonné, sous ses dehors souriants, l'usage de ces macérations, et qu'il a fallu une circonstance fortuite pour en découvrir le secret. D'une nature impressionnable et sensible, il s'émouvait facilement au récit des malheurs survenus dans une famille, et, sans calculer, il y portait aussitôt ses conseils et ses encouragements. Combien de douleurs n'a-t-il pas consolées ? Combien de larmes n'a-t-il pas séchées ? Combien d'âmes n'a-t-il pas arrêtées sur la pente du vice, par la persuasion attachée à sa parole, et au besoin par des sacrifices d'argent ? Il est évident, mes frères, que nous ne pouvons citer, du haut de cette chaire, les traits admirables de cette charité prévenante, par égard pour les personnes qui en ont été l'objet. Mais ce que nous pouvons affirmer, c'est qu'il employait autant de soin à cacher ses largesses qu'il mettait d'empressement à les prodiguer. Il préférait se servir d'intermédiaires et surtout des jeunes séminaristes en vacances pour distribuer ses aumônes, tant il aimait à dérober ses propres mérites aux yeux des hommes et à former les élèves du sanctuaire à la pratique de la plus excellente des vertus !

On a loué enfin M. le Curé de l'esprit de conciliation dont il fut animé dans le cours de son ministère. Est-ce à dire qu'il n'avait aucun souci des événements qui se passaient autour de lui ? Non, mes frères ; il était clairvoyant, il voyait à la suite des changements nouveaux l'esprit religieux s'affaiblir et le pays s'affaisser dans le matérialisme. Il le savait, il le sentait, il ne cessait de le répéter dans ses entretiens. Mais ce serait se tromper étrangement que de chercher en lui un homme de politique et de combat. Il était, il voulait être seulement prêtre, curé, père. Or, un père ne fait aucune distinction entre ses enfants. A quelque parti qu'ils se fussent ralliés, ils étaient tous de sa famille, de la grande famille gimontoise ; et cela lui suffisait pour leur donner une place dans son cœur et pour réserver un bienveillant accueil à tous les hommes de bonne volonté !

IV

Tant de vertus, tant de mérites ne pouvaient que toucher profondément une population sensible et bonne comme celle de Gimont. Les sentiments des fidèles trouvèrent une occasion mémorable de se faire jour. C'était le 30 du mois d'août 1883. Le bruit se répand tout à coup en ville que M. le Curé est gravement atteint et qu'une maladie violente met ses jours en danger. On s'émeut ; la désolation générale devient telle qu'on se porte en foule à l'église pour demander à Dieu la guérison du pasteur bien-aimé. Plus de cent personnes viennent tous les jours assister à la messe, priant avec ferveur et attendant avec impatience des nouvelles du malade ; et telle est leur anxiété qu'elles ne consentent à rentrer chez elles que lorsque l'un des vicaires leur a fait connaître les craintes ou les espérances des hommes de l'art. Tout ce que le dévouement peut inspirer de soins et d'attentions délicates est mis en œuvre : les hommes se remplacent au chevet du bon curé et prêtent généreusement leur concours aux Sœurs de la Charité et surtout à leur Supérieure qui, nuit et jour, veille pour conjurer le mal et en arrêter les rapides progrès. Enfin, le 6 septembre, on annonce que tout espoir est perdu et que le dénouement fatal est proche. Dans cette extrémité, les enfants de l'ouvroir demandent avec instance qu'on les conduise en procession à Notre-Dame de Cahuzac. C'est une inspiration du Ciel. Le lendemain, à cinq heures du matin, les cloches, lancées à toute volée, convoquent la population au sanctuaire de la Sainte-Vierge. Toutes les congrégations, rangées sous leurs bannières, toutes les familles de la ville et plusieurs des environs s'avancent sous la conduite de M. l'abbé de Cortade, qui présidait la cérémonie. « Qui pourrait dire, nous raconte un témoin oculaire, la piété, le recueillement, la douleur de toutes ces âmes qui viennent en foule ? Car les maisons se vidèrent malgré l'heure matinale. Vous auriez pleuré d'attendrissement et d'émotion au moment où, la première bannière arrivée à la porte de la chapelle, la procession tout entière tombe à genoux. Les chantres entonnent avec ensemble, et assez fort pour être entendus d'un bout à l'autre, l'invocation trois fois répétée : *Sancta Maria, mater pietatis* ; et la foule répond trois fois : *Ora pro nobis*. Ce cri du cœur est inoubliable, tant il fut pieux et plaintif. Beaucoup de larmes coulèrent alors, car l'émotion était grande. La Sainte-Vierge entendit nos supplications ; le soir même, un mieux sensible se déclara, et l'état général du malade devint bientôt si satisfaisant que l'on ne doutait pas de la miraculeuse intervention du Ciel. » N'est-ce pas là, mes frères, une preuve touchante de cette ardente foi qui transporte les montagnes et de l'affection singulière dont la ville de Gimont entourait son pasteur vénéré ?

M. de Lavigne revint donc à la santé ; mais il ne retrouva jamais cette vigueur qui ne connaissait pas la fatigue quand il fallait se dépenser au service de Dieu et au ministère des âmes. Il dut modifier sa manière de vivre et se modérer dans l'exercice des fonctions pastorales. Il se vit donc obligé de se décharger d'une partie de ce fardeau, trop lourd pour ses épaules, sur ses vicaires, et notamment sur celui qui s'était prodigué durant sa maladie et avait su gagner par ses soins délicats la confiance du pasteur, et par son zèle éclairé l'estime des fidèles.

Mais, si le corps restait affaibli des atteintes du mal, l'esprit et le cœur n'avaient rien perdu de leurs qualités aimables. M. le Curé ne cessait de se préoccuper de l'état de sa paroisse, ne négligeait aucun détail de l'administration, veillait au maintien des œuvres et reprenait peu à peu en mains la conduite de son troupeau. Il voyait arriver avec bonheur le jour prochain où devait se retirer près de lui, dans un repos bien mérité, le général, son frère, dont il était fier moins pour lui que pour la ville de Gimont, qu'il considérait comme sa véritable famille ; mais il ne songeait pas pour cela à renoncer à ses fonctions. Il ne comptait même plus ni avec l'âge ni avec les restes de sa maladie, et, reprenant les travaux de sa jeunesse sacerdotale sans en retrouver les forces, il s'était remis à l'œuvre avec une incroyable ardeur. Vous l'avez vu, mes frères, durant le temps pascal jusqu'au jour où Mgr l'Archevêque est venu administrer à Gimont le sacrement de Confirmation, confesser, prêcher, assister les malades, préparer, avec ses vicaires, les enfants à la première communion, se multiplier, se donner enfin sans mesure et sans réserve.

Cependant, le jour même de la Confirmation, il éprouva une étrange fatigue dont il fut accablé, et il sentit comme un réveil de la terrible maladie qui, huit ans auparavant, l'avait conduit aux portes du tombeau. Triste pressentiment ! Le lendemain, 30 mars, il s'alite et il comprend que la mort approche, mais il n'en est point effrayé. Il l'avait envisagée d'un intrépide regard, et depuis longtemps, vous le savez, il avait pris toutes ses dispositions pour n'en être point surpris. Comme le mal empire en quelques jours, il demande et reçoit, avec la piété la plus tendre, les derniers sacrements, et il ne tarde pas à passer dans un état de souffrance aiguë dont il ne sort que par intervalles.

M. l'abbé de Cortade, prévenu de cet état grave, arrive aussitôt près de son ami pour remplir la promesse qu'ils s'étaient faite l'un à l'autre d'aider à mourir saintement celui qui partirait le premier. « C'est, nous disait-il, le triste et pénible devoir que je me suis empressé d'aller lui rendre la veille même de sa mort. Il m'a parfaitement compris, car en m'accueillant et en m'embrassant il m'a dit : « *Ah ! c'est très-bien ! vous venez accom-* » *plir votre vieille promesse. Parlez-moi du bon Dieu, car je ne puis* » *plus rien.* » Il avait encore des lueurs de conscience, et, dans ces moments qui devenaient de plus en plus rares, il exprimait ce qui l'avait le plus préoccupé dans sa vie et surtout dans les dernières années. « Mes enfants, s'écrie-t-il tout à coup, soyez fermes dans la foi ; sans la Religion, vous ne pouvez rien pour le salut. » Ces paroles sont prononcées avec une grande énergie et une parfaite lucidité. Mais, le mal empirant toujours, il entre bientôt en agonie. Le général, averti par télégramme et parti en toute hâte, arriva deux heures trop tard pour embrasser encore vivant un frère qu'il aimait tendrement : M. le Curé avait rendu sa belle âme à Dieu dans la matinée du 7 avril dernier.

Ainsi, mes frères, M. l'abbé de Lavigne, ce modèle des prêtres et des pasteurs, est mort victime de son zèle ; il est mort, les armes à la main ; il est mort comme un vaillant soldat fidèle au devoir, fidèle au drapeau jusqu'à son dernier soupir ; il est mort après avoir combattu le bon combat, et il peut, sans crainte, paraître devant le souverain juge. Vous avez rendu à sa dépouille mortelle les honneurs qu'on n'accorde qu'aux bienfaiteurs du peuple ; autour de sa tombe, vous avez entendu d'éloquentes paroles qui vantaient les qualités de son âme et les œuvres de son fécond ministère. Mais, mes frères, ce sont là les vains bruits de la terre que le temps dissipera demain. Ce qui demeure, ce que votre pasteur a recherché avant tout, c'est la pratique du bien, la fuite du mal, l'oubli de soi-même, le mépris des honneurs et des biens de la terre, en un mot, l'amour de Dieu et des hommes qui résume toute la loi. Heureux donc ceux qui vivront comme il a vécu ! Heureux ceux qui pratiqueront les vertus qu'il a pratiquées ! Heureux ceux qui garderont précieusement les enseignements et les exemples qu'il a donnés ! Ceux-là aimeront vraiment Dieu sur la terre et ils le posséderont éternellement dans le Ciel. Ainsi soit-il !

Ce 15 mai 1891.

www.ingramcontent.com/pod-product-compliance
Lightning Source LLC
Chambersburg PA
CBHW060454050426
42451CB00014B/3324